T0065293

Camino de luz

Camino de luz

LUZ ESTELLA QUENZA BECERRA

Para realizar pedidos de este libro, contacte con:
Palibrio
1663 Liberty Drive
Suite 200
Bloomington, IN 47403
Gratis desde EE. UU. al 877.407.5847
Gratis desde México al 01.800.288.2243
Gratis desde España al 900.866.949
Desde otro país al +1.812.671.9757
Fax: 01.812.355.1576
ventas@palibrio.com
717821

DEDICATORIA

A DIOS, por darme la bendición de traerme a este mundo, donde me ha enseñado que cada obstáculo, cada sufrimiento, cada atraso me conduce a descubrir que puedo llegar más lejos, con resultados más positivos y duraderos.

A MI MADRE, Mujer llanera de quien me siento orgullosa por recibir el mejor ejemplo para motivarme que la vida es bella cuando estás dispuesto a descubrir y disfrutar de su belleza.

A MI TIERRA LLANERA, donde por fortuna nací y descubrí que no hay mejor lugar como mi hogar.

A mi familia, a Jorge Navea, a Freddy Gomez, a Daniel Castrope, a Rafael Padilla, a mis amistades por su apoyo, motivación y confianza, Dios los bendiga siempre.

PRÓLOGO

Sumergirse en la lectura de "Camino de luz" es tanto como recorrer el llano y su grandeza, dejándonos permear por la sabiduría que encontramos en cada hombre, en cada mujer, en cada rincón mágico de esta prolífica región del territorio colombiano.

Leer "Camino de luz" permite reencontrarse con ese ser inmenso que todos llevamos dentro, enorme como nuestras llanuras, como nuestra gente llena de optimismo y de deseos por alcanzar un mejor porvenir en paz y armonía con el mundo que nos rodea.

Este libro, de la autoría de Luz Estella Quenza Becerra, es una preclara invitación a conocernos a nosotros mismos a través de una serie de frases cortas pero sustanciosas que, por seguro, servirán de derrotero para aliviar desilusiones y conflictos internos, y, por supuesto, encontrar consejo ante cada situación de la vida del lector.

"Camino de luz" es una especie de código para alcanzar mejores estándares de vida a través de 365 nuevas oportunidades de cambiar nuestra existencia contenidas en frases sencillas, pero de una sabiduría grandísima que solo podríamos comparar con aquella que viene de lo Alto: la sabiduría que provee Dios a sus hijos más estimados.

Y, en efecto, Luz Estella Queza Becerra con este texto maravilloso nos deja entrever en cada línea esa relación íntima que siempre ha mantenido con el Creador y esa inspiración que raya en lo sobrenatural para entregarles al llano, a su gente y al mundo entero un libro que no podrá faltar en los estantes y mesitas de noche de sus lectores.

Cuando esa linda mujer llanera como lo es Luz Estella me pidió escribir este prólogo, me sentí supremamente honrado. La conozco desde hace más de 20 años y "Camino de luz" nos ha permitido reencontrarnos para emprender un nuevo camino como la pareja que concibe a un hijo. En este caso, el mejor de todos los hijos: "Camino de luz".

Esta emprendedora mujer es de aquellas que observan en cada reto una oportunidad para escalar un nuevo peldaño en la vida. En su ambiente de hogar, para quienes no la conocen, es una mujer con un gusto especial por la cocina y la costura. Nada le produce más relajamiento y paz que preparar un rico plato un domingo en familia o sentarse con su máquina de coser para elaborar el vestido de sus sueños o las cortinas que hagan juego con el ambiente que ella desea.

Así es Luz Estella Quenza Becerra, una mujer en todo el sentido de la palabra, soñadora, proactiva, cuya vida ha entregado al servicio del prójimo en las diferentes esferas en las que se ha desenvuelto con lujo de detalles.

Por todo ello y más: bienvenida Luz Estella al mundo de las letras y, así mismo, bienvenidos lectores a un mundo mágico por descubrir en cada frase repleta del amor y majestuosidad.

Daniel Castropé
Periodista y escritor

365 FRASES QUE CONDUCEN A LA FELICIDAD

1. Toda meta se alcanza con la fe en Dios y la confianza en sí mismo.

2. No perder el entusiasmo por lo que se busca garantiza el éxito.

3. Todo en la vida requiere un sacrificio físico, mental, material o espiritual, de tí depende si lo quieres alcanzar.

4.   Decidir emprender es exponerse al éxito o al fracaso evitando que este último evite llegar a la meta deseada.

5.   La disciplina es el pasaporte para viajar donde quieres llegar.

6.   Tus objetivos nunca deben sacrificar el hogar. Tu hogar debe ser el ambiente motivador que te impulse a alcanzar tus objetivos.

7.   Hacer lo que te gusta facilita el camino a donde te diriges, sobrepasando los obstáculos con entusiasmo y decisión.

8.   Estar feliz proporciona un ambiente propicio para la paz.

9. Nunca dejes de un lado los principios y valores cuando estés en busca de tus metas. Ellos te darán las pautas del camino que debes tomar.

10. Nutre tu vida de cosas y actos sencillos ó extraordinarios que dejen un buen recuerdo en quienes compartieron contigo.

11. Los perdedores siempre buscan atajos en donde encuentran dificultades, engaños y soledad. Los triunfadores transitan por el camino correcto encontrando amistades y alegrías que les permite superar los obstáculos.

12. Estar dispuestos a levantarse cuando se toca fondo es una capacidad de quienes no se cansan de buscar el éxito.

13. Estar seguro de la persona que eres es la mayor garantía de que llegarás lejos.

14.   Un emprendedor no se desanima **nunca** de sus metas propuestas por muchas adversidades que se le presenten en su búsqueda.

15.   Siempre debes tener mayor deseo al éxito que miedo al fracaso.

16.   Para disfrutar de los milagros debemos iniciar con la oración y permanecer en la fe.

17.   Cuando hacemos deporte le decimos al cuerpo que quien manda es el cerebro.

18.   La buena suerte no es excusa para los triunfadores, porque siempre están ocupados en buscar lo que desean.

19.   Si no tienes sueños, tu vida no tiene sentido.

20. Los triunfadores no predicen el futuro, lo crean cada día con sus actos.

21. Marcarás la diferencia, cuando hagas lo que se debe hacer en el momento adecuado.

22. Si estás motivado a luchar por lo que deseas, ya has avanzado en el camino del éxito.

23. La coherencia que existe entre lo que digo y lo que hago, hace que los demás confíen en mis habilidades.

24. Paz interior es aceptar con humildad la voluntad de Dios.

25. Mientras tengas a Dios y a ti mismo nada es imposible en este mundo.

26.   El amor se alimenta de actos de locura llenos de mucha razón.

27.   Estar seguro de alcanzar las metas es la clave del éxito, puede que se demore en llegar, pero siempre teniendo presente que todo esfuerzo merece una recompensa

28.   Muchos le temen a la soledad y es la soledad la que nos enseña a conocernos a nosotros mismos y a valorar a los que no tenemos cerca.

29.   Me enamoraré de quien me admire, no de quien me ame

30.   Descubres el amor cuando disfrutas el estar despierto viviendo una realidad que solo estaba en tus sueños.

31. Felicidad es la sensación que se descubre cuando te sientes libre y en paz.

32. La felicidad es un sentimiento integral del ser humano en su momento racional.

33. La felicidad es un estado de ánimo donde nos encontramos a gusto, contentos y complacidos.

34. La felicidad es la suma de resultados alcanzados de emociones y actividades programadas.

35. Felicidad es encontrar algo que nos brinde satisfacción completa.

36. Felicidad es deleitarse de las cosas buenas de la vida transformando las negativas en experiencias.

37.   Amarse uno mismo ayuda a ir en dirección a la felicidad.

38.   Amar plenamente es el sentimiento que nos conduce a la felicidad.

39.   Un líder siempre está dispuesto a aceptar, implementar y aportar a los cambios que la globalización le exige.

40.   Estoy plenamente seguro para donde voy, por eso confirmo que aún no he llegado, pero tengo todo lo necesario para llegar de la mejor manera, manteniéndome en buenos actos que garantizaran excelentes resultados.

41.   Fracasar hace parte de nuestra enseñanza cotidiana. Si no fracasamos no aprendemos y si no aprendemos no seremos mejores.

42. Algunas veces hay que olvidar lo que uno siente para recordar lo que uno vale.

43. Soy una persona afortunada en la vida: nada me ha sido fácil.

44. Aunque me duelan los resultados del día de hoy, daré gracias Dios. Su voluntad divina se encarga de dirigirme a una vida mejor, que realmente necesito para ser feliz.

45. El espíritu solidario en una empresa de trabajo en equipo crea oportunidades en el mercado competitivo.

46. Hay momentos en los que es bueno sentir tristeza para luchar por la felicidad, y sentir soledad para valorar a quien nos ama y amamos.

47. Nuestra vida termina en el momento que renunciamos a nuestros sueños, nuestra fe se apaga en el momento que dejamos de creer en un mañana y el amor muere en el momento que lo descuidamos.

48. Los malos momentos en tu vida no te deben transformarán en la persona que no eres.

49. Aún estás a tiempo para valorar lo que tienes, antes que el mismo tiempo te muestre lo bueno que tenías.

50. Lo que no debes olvidar para ser feliz. Da gracias por lo que Dios te ha dado. Esfuérzate cada día con entusiasmo por tus metas, valora lo que tienes, camparte, conserva y disfruta de tus seres queridos.

51. No cometas el error de dejar lo que tienes por aventurarte en busca de algo mejor e inciertos porque puedes confirmar que lo que tenías era mejor, pero cuando lo perdiste.

52. Soy emprendedor (a) porque cada obstáculo me motiva a seguir adelante, y me ayuda para que mi meta sea más valiosa.

53. Si le tienes miedo al fracaso, nunca verás resultados positivos en tu vida.

54. Cada obstáculo en la meta de un emprendedor le da más valor a su objetivo.

55. El único responsable de tu felicidad y de tus fracasos eres tu.

56.   Si quieres ser eficiente y eficaz en tu trabajo, ámalo.

57.   El trabajo en equipo nos hace más fuertes cuando dejamos de pensar en nosotros mismos.

58.   Las puertas de la felicidad y la sabiduría jamás están cerradas para los que quieren entrar.

59.   El éxito llega a nuestras vidas cuando olvidamos las palabras "es que".

60.   Estaremos a tiempo de alcanzar nuestras metas mientras tengamos la disposición de llegar a ellas.

61.   Si caminas seguro día a día en busca de tus metas, puedes encontrar el éxito en el próximo paso.

62. Si buscamos superar a otros, que sea con honestidad y solidaridad.

63. Al sembrar en la vida lealtad, bondad y sencillez, recibiremos como fruto grandeza en nuestro corazón.

64. El amor a los demás es el camino más seguro a los brazos de Dios.

65. El verdadero amor no es el primero, es el que nunca se va.

66. Una buena semana se garantiza cuando la iniciamos con la alegría del viernes en la noche.

67. El verdadero secreto para llegar al éxito es no perder de vista el objetivo, contando con la voluntad de alcanzarlo.

68. El tiempo es nuestro mayor tesoro en esta vida, por ello debemos invertirlo en lo que nos hace felices, sin hacer daño a los demás.

69. Si no sientes amor por la naturaleza, no tienes amor verdadero por los demás y menos por tí mismo.

70. La navidad ideal está dentro de nuestro corazón y la reflejamos con la sonrisa y el amor que le brindamos a los demás en esta época tan especial.

71. Tengo siempre muy presente lo valiosa que soy para tener la fuerza de olvidar lo que siento.

72. Los muchos momentos felices en mi vida han totalizado la felicidad que ahora estoy disfrutando. Resultado de la voluntad de Dios.

73. Los momentos negativos en la vida abren el camino hacia experiencias positivas que conducen al éxito.

74. La tristeza en nuestro corazón debe ser como una nube gris que con el más sutil de los vientos desaparece.

75. Quien vive engañando a los demás desgasta su vida en un mundo de mentiras, dejando de disfrutar de lo maravillosa que es la vida real.

76. Mientras tengamos fe en nuestros sueños siempre tendremos viva la esperanza y la felicidad será la mejor recompensa.

77.   La fe no sirve de nada para quien no tiene voluntad.

78.   Con pequeños detalles se conquistar grandes corazones.

79.   Tener la conciencia limpia es mejor que cualquier triunfo.

80.   No somos nada si no tenemos aspiraciones.

81.   El que vive en un mundo de mentiras muere en cada ocaso.

82.   Quien se ama a sí mismo está en capacidad de hablar con el corazón.

83.   La responsabilidad nace en cada ilusión.

84.   No asumir riesgos nos deja muchos vacíos en la vida.

85.   La curiosidad de conocer lo que buscamos nos conduce al descubrimiento.

86.   Un triunfador siempre tiene el coraje de soportar lo que el futuro le depara.

87.   El destino lo cambia quien lucha por sus metas.

88.   Un corazón lleno de amor sólo está dispuesto hacer el bien.

89. Si no has plantado un árbol, estas en deuda eterna con el planeta y la humanidad.

90. No decir todo lo que se piensa, no significa que se cree todo lo que se dice.

91. Limite es decir hasta aquí llego, cuando sabes que puedes avanzar más.

92. Las limitaciones son imaginarias. No las hagas realidad.

93. Descubrir que estar acompañado es cuando te sientes más solo, es descubrir que la soledad es tu mejor compañía.

94. El trabajo es difícil para las personas que desarrollan una actividad que no les gusta.

95. La sonrisa es la mejor expresión de la felicidad.

96. Ser solidario y ser feliz es lo mismo.

97. La mente es como una caja de sorpresas, descubrimos sus maravillas sólo si la abrimos.

98. La educación es la semilla de muchas riquezas.

99. La compañía del orgulloso es la soledad.

100. La pareja ideal no es tu alma gemela, es quien con sus diferencias se convierte en tu complemento.

101.   El éxito en nuestra vida está garantizado cuando lo colocamos en las mejores manos: En las manos de Dios y en las nuestras.

102.   La vida nos brinda felicidad para disfrutarla, tristeza para superarla, oportunidades para aprovecharlas, sueños para vivirlos, fracasos para enseñarnos, amor para respetarlo, amistades para valorarlas, familia para amarla y bendiciones para dar gracias por cada minuto vivido.

103.   El fracaso me muestra que ya emprendí el camino a donde quiero llegar, sólo debo mejorar y luchar por mi objetivo, sin mirar atrás.

104.   Ahora es el momento y el lugar para elegir la meta que se quiere alcanzar. Los sueños se cumplen con voluntad y esfuerzo. Los que quieren algo lo logran cuando aplican la disciplina en sus actos.

105. Dentro de cada uno de nosotros está la fuerza para vencer obstáculos, está la alegría para borrar la tristeza, está la motivación para seguir adelante, está el amor para alcanzar la felicidad.

106. Ayudar de corazón a los demás es tan satisfactorio como un sueño hecho realidad.

107. Hoy es el día para ser feliz. Tengo a Dios como guía, mí familia como apoyo, mis amistades como complemento y mí voluntad como energías para llegar a donde quiero estar.

108. Aprovechar el tiempo es ganarle minutos a la vida.

109. El amor es tan perfecto que cuando se siente verdaderamente, la prioridad es hacer feliz a la otra persona, ésta condición es la fuente de nuestra propia felicidad.

110. Cada obstáculo es una bendición cuando se tiene la fe y la voluntad de superarlos, ellos nos hace más fuertes y sabios.

111. En la gloria de Dios está mi vida, en ella encuentro la luz que ilumina el camino que me conduce hacia Él.

112. Amar es la actitud incondicional y desinteresada por un ser, por quien se tiene atracción y admiración.

113. La vida es como un jardín, si la descuidamos llegará la maleza cubriendo nuestra alegría y la paz interior. Pero si la cuidamos con responsabilidad veremos su hermosura y disfrutaremos de sus dulces frutos.

114. Sólo las personas que hacen el bien en mi vida formarán parte de ella, los demás no existen.

115. Amor es un sentimiento que no juzga, es pensar con el corazón tomando decisiones con mucha razón, es poder decir un **te amo** sin perjuicios, es decir cosas lindas a ese ser bridándole libertad, confianza y mucha pasión.

116. Cuando los demás descubren nuestras virtudes sin que las mostremos, somos ricos en humildad y estaremos más cerca de los grandes.

117. Mejoramos la salud con meditación, actividad física y actos de solidaridad.

118. Es nuestra responsabilidad darle sentido a nuestra vida, para eso vivimos.

119. La fuerza interior la alimentamos con actos espirituales que nos conducen a una vida más sana.

120. La calidad de vida la encontramos a través del perdón y la gratitud.

121. La motivación para levantarnos cada día está en la fe en Dios y en nosotros mismos.

122. Nos conectamos con los demás cuando practicamos la generosidad.

123. El liderazgo se practica en todo lo que hacemos…

124. El líder no espera el gran momento, lo busca.

125. Aceptar quien fuí, descubrir quién soy y amar lo que quiero ser, son principios del liderazgo.

126. El amar es como la luz del sol, tenemos la libertad de apreciar su esplendor y calor o escondernos de ella para vivir en una oscura soledad

127. El éxito se alcanza cuando se lucha por lo que se merece y se deja atrás el conformismo de lo que se ha alcanzado

128. Los corazones que cada día se encomiendan a Dios, mantienen su misericordia en cada instante de dificultad, transformando los obstáculos en oportunidades para ser felices.

129. La noche me da la libertad de no pensar razonablemente, dejando volar mi imaginación de la mano de mis sueños, alimentando en cada segundo la ilusión de un lindo y próspero amanecer

130. Tengo la esperanza de un mejor mañana, contando con mi voluntad y aptitud de poder alcanzarlo.

131. Tendré la fuerza suficiente de hacer lo que me dice mi corazón y la razón, teniendo en cuenta que el tiempo de nosotros en este mundo es limitado y la única tarea que tenemos es ser felices aportando a la felicidad de los demás.

132. Si tienes la capacidad de soñar es porque tienes las habilidades para convertir tus sueños en realidad, sólo tienes que tomar la decisión de luchar por ellos hasta alcanzarlos.

133. El silencio no se debe tomar como olvido, pueden ser momentos para recordar y anhelar a ese ser querido.

134. Somos exitosos cuando la responsabilidad es nuestra mejor virtud.

135. Los momentos desagradables de nuestra vida no deben opacar la felicidad que Dios nos ha regalado, esos mementos nos deben llenar de fortaleza para que esa felicidad sea más duradera.

136. La solidaridad nos hace más humanos y nos acerca más a los demás

137. La paz de mi alma y la felicidad que hay en mi vida, se las debo a la gloria de Dios que está conmigo en cada segundo de mi existencia.

138. Los días malos no me preocupan porque tengo la disposición de aprender de ellos.

139. Construye y vive eficientemente tu día para que no te preocupes por el mañana.

140. La suerte de los triunfadores es la confianza en sí mismos.

141. Mientras tenga fuerza para levantarme no temo a ninguna caída.

142. La lectura nos cura de la ignorancia y la mediocridad.

143. La sonrisa es la llave que libera al hombre de una vida sin esperanzas.

144. La amistad verdadera es como un rayo de luz después de una larga noche.

145. Tener claros los sueños al acostarnos, nos da fuerza al levantarnos.

146. El orgullo es el padre de la soledad y la infelicidad.

147. El mal genio roba tiempo a la felicidad.

148. Si tu no eres lo más importante en tu vida, los demás no existen.

149. De las experiencias de la vida nos transformamos en mejores personas, cuando estamos dispuestos a aprender de ellas.

150. El momento que estás viviendo ahora es el más importante, porque puede ser el último.

151. Forzar los resultados que quieres puede ser el mayor error.

152. Tu crecimiento debe ser acorde a tus raíces, para que no caigas cuando alcances la meta.

153. Construye tus metas hoy, mañana puede ser muy tarde.

154. El tiempo dedicado a los amigos es tan valioso como el que se invierte en familia.

155. Cuando dejamos de criticar a los demás y nos dedicamos a ser mejores personas, aseguramos el éxito.

156. Aprovecha las oportunidades que te da la vida, ellas son irrepetibles.

157. Las oportunidades que aprovechamos o las que dejamos ir marcarán el rumbo de nuestra vida.

158. El mal genio le quita tiempo a la felicidad. Elige no perder tiempo.

159. La suerte de los que triunfan es la confianza en sí mismos.

160. Perdonarnos es el mejor regalo que le damos a nuestro espíritu.

161. Imagínate sin empleo y amarás el que tienes.

162. La fuerza del luchador se mide cuando se levanta después de tocar fondo.

163.   El tiempo es tan valioso que ni el dolor nos debe detener....

164.   Soñar es el punto de partida al éxito, la disciplina es el camino y la meta es la experiencia adquirida.

165.   Si valoras el medio ambiente estás en condiciones de vivir en sociedad.

166.   La amistad nos enseña a ser nobles y flexibles.

167.   Amar a quien nos trajo al mundo deja ver quien es somos en realidad.

168.   Si quieres estar cerca de Dios debes hacer buenas obras pero con el corazón.

169. Cuando llames la atención de los demás que sea por tu inteligencia y sencillez.

170. En una verdadera amistad puede estar la semilla de un gran amor.

171. Las cosas son más fáciles cuando dejamos de pensar y empezamos a actuar.

172. Servir a los demás con el corazón te descarga de culpas y te hace más humano.

173. Si no hay confianza en tí mismo, no continúes.

174. Si no conoces el amor estás perdiendo el tiempo.

175. Tus dificultades te presentan a verdaderos amigos.

176. La naturaleza tiene más sentidos que el mismo ser humano. Ella lucha por restaurarse y el ser humano lucha por destruirse.

177. No permitas que tu cuerpo muestre lo que no eres, porque serás utilizado por los demás.

178. Si quieres conocer a Dios búscalo en los ojos de los que necesitan ayuda.

179. Fácil soñar, difícil hacer que los sueños sean realidad mientras estás despierto.

180. Cuando somos nosotros mismos atraemos buenas amistades.

181. Sólo tenemos que estar despiertos para trabajar y alcanzar nuestros sueños.

182. Si estás convencido de que tu mente tiene valor. ¡Úsala!

183. La oración que nace del corazón nos acerca más a Dios, nos llena de esperanza y nos da energía para luchar por quienes amamos y por nuestros objetivos.

184. Tu sonrisa debe ser la luz que ilumine tu camino hacia la meta.

185. Cuando nos conocemos a nosotros mismos, tenemos la capacidad de percibir lo que piensan los demás de nosotros mismos.

186.　Aceptarte tal como eres y luchar por ser mejor, te hace grande ante los demás. Sin importar si ellos lo reconocen.

187.　Las energías deben invertirse en planear los objetivos y luchar por alcánzalos sin afectar a los demás.

188.　Despertar y estar seguro a dónde ir, es una bendición.

189.　El único propósito en esta vida es ser feliz, no interesa si te critican, si te entienden o si te aceptan.

190.　La educación te da la libertad y tu imaginación te da las alas.

191. Si no cuidas tu salud, no estás en capacidad de amar a nadie.

192. La puntualidad es una virtud que inspira confianza.

193. La confianza en alcanzar las metas por el camino que se ha planificado, garantiza el éxito imaginado.

194. Tu tienes como marcar la diferencia ante los demás, solo debes dar lo mejor que tienes.

195. Cuando te des cuenta de que no hacer nada es perder el tiempo, no tendrás tiempo para hacer nada.

196. Tener la fuerza para soportar el fracaso es prepararse para vivir el triunfo.

197. Hoy es el día de ser tú, camina hacia donde quieres llegar con la confianza de poder hacerlo.

198. Los obstáculos sólo están en nuestra imaginación, cuando decidimos luchar por lo que queremos nos damos cuenta que nunca existieron.

199. La constancia es la clave para llegar al éxito, incluso cuando fracasamos.

200. Cuando tomas la decisión de vivir tu propia vida, le estás colocando alas a la libertad que Dios te dio al nacer.

201. Cuando no tenemos culpas, solo necesitamos una risa para sentir descanso.

202. Tu sabes lo que realmente eres, procura que los demás también lo sepan.

203. Busca la sabiduría para proyectar lo adecuado, la fuerza para hacerlo y el tiempo para disfrutarlo.

204. Cuando nos conocemos a nosotros mismos la soledad no existe, y si buscamos compañía es para compartir experiencias y alegrías.

205. El tiempo es un verdadero tesoro, inviértelo sabiamente.

206. La lectura es tener a nuestro alcance la llave de la puerta del conocimiento, los sueños y la libertad;

cuando tomamos la decisión de entrar no seremos los mismos.

207.   Esfuérzate por adquirir el conocimiento para no ser controlado por el dinero.

208.   No te acuestes sin estar seguro que el día que pasó fue aprovechado satisfactoriamente en la búsqueda de tus metas. Y si no lo lograste proponte maximizar tus esfuerzos para el día que viene.

209.   Estar seguro de que cada dificultad que se nos presenta en la vida es una prueba de Dios para confirmar si estamos preparados para algo mejor, es fe en nuestro Padre Celestial.

210.   Cuando obramos correctamente no tememos al futuro por incierto que sea.

211. Esfuérzate por adquirir conocimiento, con el aseguras independencia mental, física, espiritual y material.

212. La mente es como un tesoro, no las escandas, reinviértela.

213. La política es el arte de visualizar y trabajar por un mejor futuro para la sociedad.

214. Las virtudes de cada ser humano deben ser como los rayos del sol, permanentes aunque exista oscuridad y tan radiantes que sea imposible opacar.

215. La sonrisa es la expresión de la felicidad que existe en el corazón.

216. Dar gracias a Dios en cada amanecer es invitarlo a que haga parte de tu día.

217. Los actos de bondad son confirmados con la satisfacción de haber hecho lo correcto.

218. Las enfermedades del espíritu son curadas con acciones sinceras de solidaridad.

219. Valorar y amar a nuestra familia, es darle gracias a Dios por permitirnos ser parte de ella.

220. Las obras de caridad son oraciones que te acercan más a Dios.

221. Cuando ayudas con el corazón estás dando todo, cuando ayudas por obligación estás perdiendo el tiempo.

222. La vida es una sola experiencia, hagamos de ella una colección de momentos novedosos para una feliz existencia.

223. Experimentar lo extraordinario que es el llano es admirar las maravillas del creador.

224. En este mundo estamos de pasó, trabajemos por construir un mejor camino para los que vienen.

225. Soy generoso(a) con los demás cuando me esfuerzo por ser mejor.

226. Los inconvenientes que nos presenta la vida puede derribarnos, pero al levantarnos nos hacemos más fuertes.

227. Enseñar te hace responsable de los actos de tus alumnos en el futuro.

228. La humanidad es la virtud que te protege de los males del orgullo.

229. Cuando se ama de verdad a un ser querido, lo seguimos escuchando en el corazón. Aún después de la muerte.

230. El miedo al fracaso es el que hace de tus sueños una pesadilla.

231. Dar gracias a Dios por cada segundo de vida nos da la humildad para valorar sus bendiciones, y fortaleza para soportar las adversidades.

232. Tus sueños de grandeza deben ser iguales a tus obras de caridad.

233. Venir a este mundo a vivir en una mentira es como no haber nacido.

234. La raíz del conocimiento es la lectura, el tallo su comprensión, las hojas la puesta en práctica, y los frutos cuando vemos que se ha beneficiado a alguien.

235. Solo los frustrados ven en la envidia y la hipocresía el camino para llegar a ser grande, grandeza que no dura mucho.

236. Los corazones humildes tienen el camino directo a Dios.

237. El buen ejemplo ante los demás es también una obra de caridad.

238. Quien miente es incapaz de luchar por hacer de sus sueños una realidad.

239. Un rico sin caridad será el más pobre ante los ojos de Dios.

240. La satisfacción de haber hecho lo indicado al acostarnos, es la tranquilidad al levantarnos.

241. Tu carácter garantiza lo que quieres ser en este mundo.

242. Tu vida real es el resultado del tamaño de tus sueños.

243. Por fuerte que sea el dolor, no permitas que te oculte de los rayos del sol.

244. El perdón debe ir lleno de comprensión para emprender de nuevo el camino.

245. Demuestra cuánto te respetas y recibirás respeto.

246. La música, la lectura y la poesía tienen algo en común, te dan alas para hacer volar tu imaginación.

247. Sé paciente con inteligencia y alcanzarás la tranquilidad.

248. El autocontrol refleja lo fuerte que somos en situaciones difíciles.

249. Quien tiene voluntad de aprender algo cada día para aportar algo a la humanidad es un sabio.

250. El mal genio es el resultado de no actuar con paciencia y tolerancia.

251. Cuando despiertes el celebro descubrirás de lo que eres capaz.

252. La voluntad es la cualidad que garantiza que podemos derribar el miedo, y es la que de fuerza y confianza para llegar a donde queremos estar.

253. La paciencia es uno de los ingredientes que te ayuda a crecer espiritualmente.

254. Si buscas la justicia de la mano con la razón, serás justo.

255. Rodéate de amistades con buenos modales, ellos te ayudarán a abrir puertas importantes que marcarán positivamente tu vida.

256. El buen humor motiva la inteligencia y hace más placentera la existencia.

257. Inspirar confianza ante los demás es un tesoro que muchos quieren, pero no te lo pueden quitar.

258. Eficiencia es la decisión de integrar todas las cualidades mentales y físicas en la búsqueda de la excelencia.

259. Respeta y ama a tu patria como lo hacer con tu cuerpo, en tu cuerpo está el espíritu y en tu patria estás tú.

260. El odio solo destruye a quien lo siente en su corazón, mostrando lo débil que puede ser.

261. Pobre es quien ha perdido la esperanza y no tiene la voluntad para buscarla.

262. Quien perdona es grande en bondad y quien pide perdón es grande en humildad, siempre que se haga de corazón.

263. Padre que no da amor a sus hijos, no es merecedor de ser llamado papá.

264. El corazón de una madre es la obra de Dios más maravillosa sobre la tierra, ella es la expresión tangible del amor de Dios para con nosotros.

265. Los hijos son una bendición de Dios, edúcalos sabiamente para que labren un lindo destino.

266. No hay fuerza más grande que la de los hermanos cuando se aman y se respetan.

267. Construye tu hogar como el lugar donde te sientas en paz.

268. El tesoro mas grande de una persona es ser parte de una familia, sin importar cuanta riqueza se tenga, lo verdaderamente importante es el amor que hay en sus corazones.

269. Cuando hay amor verdadero la distancia fortalece la relación, es el momento en el que los amantes se inspiran para demostrar lo que realmente sienten.

270. Maestro es quien enseña a sus alumnos a vivir dignamente.

271. Trabajar día a día por la paz, nos aleja día a día de la guerra.

272. Los trabajadores leales son el reflejo de un jefe de corazón noble.

273. La guerra es una acción cobarde del ser humano para llegar al poder.

274. La lealtad es importante para los seres humanos que se respetan a sí mismos.

275. La tecnología nos hace más sociables, pero lejos de la sociedad.

276. Cuando tus acciones son motivadas por la ética, estás mostrando la clase de persona que realmente eres.

277. La venganza no te hace grande, te hace miserable y cobarde.

278. Confiar en ti y amarte tal como eres, te hace único y capaz de llegar a donde quieras ir, sin importar lo difícil que pueda ser.

279. Cuando el perdón nace del corazón libera el espíritu y nos hace más nobles.

280. La abundancia y la prosperidad las encontramos en lo que realmente valora tú corazón.

281.   Utilizar la inteligencia con entusiasmo nos facilita el camino al conocimiento.

282.   La sabiduría se alcanza con hechos intelectuales sustentados en el conocimiento, desarrollando habilidades que fortalecen la aplicación de la inteligencia.

283.   La soledad es un espacio para construir metas.

284.   Elegir el camino adecuado me conduce más rápido a la meta, acompañado de una gran satisfacción

285.   Luchar con fe, voluntad y constancia por lo que se quiere, asegura el resultado que se busca alcanzar en menor tiempo y con mayor productividad

286. Aprovechar la soledad te acerca a un estado de plena libertad

287. Los obstáculos están en la mente de quienes no quieren luchar.

288. La voluntad es la llave que abre las puertas que conducen a la oportunidad que estás esperando.

289. La voluntad y la perseverancia son una decisión del ser humano que nada cuesta pero que gana todo.

290. Vivir por vivir sin hacer nada productivo por los demás y por sí mismo, es como morir sin haber vivido.

291. La humildad te acerca a los demás dejando una enseñanza en sus vidas. El orgullo te acerca a la soledad dejando un vacio en tu existencia.

292. La constancia es el camino más recto a todo lo que quieres alcanzar.

293. Tus actos de buena voluntad te llenan de gran satisfacción sin importar el esfuerzo que te exige hacerlo. Lo verdaderamente importante son los resultados del deber cumplido.

294. Quien no le nace ayudar a los demás es porque en su corazón no tiene nada que dar.

295. No permita que la pereza madre de los vicios, entre a tu vida. Dejará hijos de soledad, tristeza y arrepentimientos.

296. La cortesía refleja lo que hay en tu interior.

297. El puente que une a las personas es la sonrisa.

298. Perdonar es un acto de olvido que nos conduce a un estado de paz.

299. La vida es un libro abierto que no todos están dispuestos a leer.

300. Aleja la pereza con la lectura de un buen libro que alimente tu espíritu y motive tu voluntad de luchar por seguir adelante con tus objetivos.

301. Dios nos dio los sueños, nosotros luchamos por hacerlos realidad con constancia, fe y determinación.

302. Quien emprende con confianza en sí mismo, concluye sus objetivos con gran satisfacción.

303. Todo ocioso ve en el frente obstáculos que justifican su falta de decisión. Todo emprendedor ve en los obstáculos enseñanza y motivación para seguir adelante.

304. Deleitarse de los frutos de un trabajo bien hecho es un placer muy agradable que te llena de orgullo.

305. Aceptar mi ignorancia me impulsa a investigar y analizar más de las cosas que aun desconozco.

306. La disciplina es el camino más seguro para llegar al éxito, con ella es fácil vencer cualquier obstáculo.

307. Querer ser como los demás oculta quien eres en realidad.

308. El espíritu se fortalece de buenas lecturas y actos de nobleza, para llegar a hacerlo debes proporcionarle al cuerpo una rutina sana de ejercicios y alimentación.

309. Si abres la puerta a la desconfianza el amor saldrá por la ventana, quedando como única compañía la soledad.

310. Una buena actitud te impulsa al éxito, y la aptitud bien implementada te lo garantiza.

311. El silencio es también un método de comunicarnos, puede ser una forma inteligente de llamar la atención.

312. Tu sonrisa llena de felicidad es el equipaje que debes llevar en tu viaje por la vida.

313. Dar gracias a Dios de corazón por todo lo que sucede en la vida, nos llena de energía positiva que nos conduce a la paz interior.

314. No prestes atención a una mala y oscura noche, lo que necesitas es tu confianza en Dios que te dará la fuerza para esperar el amanecer con nuevos rayos de luz que iluminarán tú camino.

315. Es maravilloso escuchar el mensaje que Dios tiene para ti en las palabras de un amigo.

316. La confianza fortalece el amor, permitiendo la tranquilidad que nos conduce a la felicidad.

317. Vivir la vida, es el arte de gozar sanamente cada segundo vivido, arte que no todos aprecian por estar pendientes de la vida ajena.

318. Luchar por lo que se quiere, es darle sentido a la vida.

319. Los microbios no producen tantas enfermedades mortales como lo hace la corrupción en las entidades del estado.

320. La cultura es un constante crecimiento a una vida plena en sociedad.

321. La cultura nace cuando decidimos alejarnos de un pensamiento primitivo abriendo las puertas a la libertad, mostrando nuestra inteligencia y el deseo de conocimiento.

322. El fruto de una buena reflexión es la acción.

323. Seras un peligro para la sociedad cuando trabajes para saciar tus placeres materiales.

324. Cuando despiertes, asegúrate de estar acompañado del optimismo para emprender el camino de convertir tus sueños en una maravillosa realidad.

325. La fórmula para alcanzar tus sueños es estar despierto.

326. Los viajes educan y te llenan de experiencia, acompañados de cultura y libertad.

327. Viajar es una forma de gozar de la vida plenamente, teniendo en cuenta que la vida es un viaje que no sabemos cuando termina.

328. Discutir con un ignorante te hace más ignorante.

329. La desconfianza nos hace ciegos, alejándonos de poder descubrir lo que realmente la vida nos quiere mostrar.

330. La mente tiene poder, no la subestimes, aprovéchala para hacer de tu vida una linda y sana experiencia que deje frutos que recordar.

331. Cambia tus momentos de ocio por una buena reflexión de tus actos.

332. Cada día vivido es un libro leído, procura llegar a una buena conclusión.

333. Venir al mundo y no disfrutarlo sin dejar una enseñanza, es como viajar sin salir del hotel.

334. Estudiar es el arte de comprender que no se conoce nada del mundo, la vida es un constante aprendizaje que requiere de voluntad y perseverancia.

335. Eres sabio cuando compartes con la sociedad un poco de tu conocimiento.

336. La inteligencia se complementa en la búsqueda del conocimiento puesto en práctica.

337. La falta de disciplina te hará perder las mejores oportunidades de tu vida, sin importar que tan talentoso seas.

338. El conocimiento es un constante estudio investigativo que requiere dedicación y esfuerzo.

339. No te aferres a alguien que sabes que no es conveniente para tus propósitos, con la ilusión de que cambiará. Si ya conoces el resultado que vas a encontrar ¿Para qué continuas?

340. No somos nadie para tratar de cambiar a los demás, cada quien cambia por su propia voluntad.

341. La expresión corporal de las personas describen más sobre su personalidad, que sus propias palabras.

342. La paciencia es la virtud que te hace más fuerte ante los ojos de quien no la tiene.

343. Ser tolerante no te hace débil, te hace sabio por saber actuar como debe ser.

344. Tu riqueza edifícala sobre valores y virtudes, que se multiplicarán dejando un gran tesoro en tu vida y en quienes te rodean.

345. Ama como si nunca hubieses amado, sin esperar un centímetro del amor que has dado.

346. Una verdadera amistad se pone a prueba en la forma como se resuelven las dificultades.

347. Cada lágrima derramada debe dejar en ti una enseñanza y la ilusión de que las cosas estarán mejor.

348. Una mirada sincera deja percibir lo que realmente se guarda en el corazón.

349. Un verdadero maestro nunca deja de pensar como alumno, motivado al conocimiento y a la sabiduría.

350. Nunca le cierres las puertas al descanso, en el se oxigenan las metas, se fortalecen las estrategias y se agranda el entusiasmo por llegar al objetivo.

351. No solo tu físico habla de tu autoestima, también tu mente lo demuestra, por ello aliméntala de lecturas y experiencias que demuestren lo mucho que te quieres.

352. Si temes a la muerte, dedícate a vivir sanamente, la muerte es lo único seguro e igual que tienen los seres humanos.

353. Si quieres cambiar tu vida, empieza por cambiar tu forma de pensar y actuar, verás cómo todo en tu vida empieza a tener sentido.

354. Cuando dejes de adivinar lo que están pensando los demás serás libre y feliz.

355. El único día ideal para disfrutar de la vida y de quienes amamos, es hoy. No esperes más.

356. Sólo tú tienes el poder de cambiar los resultados de tu vida. Sólo tienes que decidirte.

357. Tu actitud es la única que puede definir como será tu día, de ella depende si eres feliz o un desdichado.

358. No esperes hasta el viernes en la tarde para ser feliz. Dios te regala siete días de la semana para que lo vivas plenamente.

359. Tu sonrisa llena de felicidad es el equipaje que debes llevar en el viaje por la vida.

360. Dar gracias a Dios de corazón por todo lo que sucede en un día, llena de energía positiva que conduce a la tranquilidad.

361. Todos nacemos con el chip de la felicidad, déjala salir y disfruta de ella.

362. La paciencia te ayuda a evitar errores, y cuando los cometemos serás más razonables en darles solución.

363. Los cambios no siempre serán de tu agrado, pero en ti está la responsabilidad de buscar que sean lo más convenientes para alcanzar tus objetivos.

364. Agradecer a Dios y pedir perdón desde el fondo del corazón gana bendiciones en toda tu existencia.

365. Con la razón en tu mente suelta de las manos lo que no te hace ser feliz, y con el amor en tu corazón camina en dirección a la felicidad, sin importar cuántos obstáculos tendrás de saltar.

Printed in the United States
By Bookmasters